ウォーミングアップ

1 標準原価計算（シングル・プラン）を採用しているA社の［資料］にもとづいて，下記の(1)〜(3)の取引を仕訳しなさい。なお，月初に，材料・仕掛品・製品の在庫は存在しない。また，勘定科目は，設問ごとに最も適当と思われるものを選び，解答欄の（　　）の中に記号で解答すること。

［資料］

1．製品X　1個当たりの標準原価

直接材料費	200円／kg	×	1.0kg	200円
加　工　費	400円／時間	×	2.0時間	800円
				1,000円

2．当月の生産実績

月初仕掛品	0	個
当月投入量	800	
合　計	800	個
月末仕掛品	0	
完　成　品	800	個

材料はすべて工程の始点で投入している。

3．当月の原価実績

製造費用

直接材料費　170,100円

加　工　費　668,000円

(1)　材料850kgを単価210円で購入し，代金は掛けとした。なお，実際の購入単価をもって材料勘定への受入記録を行っている。

ア．当座預金　　イ．材料　　ウ．仕掛品　　エ．製造間接費　　オ．買掛金　　カ．材料価格差異

(2)　製品X800個に対する標準直接材料費を仕掛品勘定に振り替えた。

ア．材料　　イ．製品　　ウ．仕掛品　　エ．製造間接費　　オ．材料価格差異　　カ．材料数量差異

(3)　製品X800個に対する実際直接材料消費量は810kgであったので，(2)の標準直接材料費との差額を材料価格差異勘定と材料数量差異勘定に振り替えた。

ア．材料　　イ．製品　　ウ．仕掛品　　エ．製造間接費　　オ．材料価格差異　　カ．材料数量差異

	借方		貸方	
	記号	金額	記号	金額
(1)	（　　）		（　　）	
(2)	（　　）		（　　）	
(3)	（　　）		（　　）	
	（　　）		（　　）	

2 次の［資料］にもとづいて，パーシャル・プランの場合とシングル・プランの場合とに分けて，各勘定を完成しなさい。なお，材料の購入時には，実際の購入単価をもって材料勘定への受入記録を行っている。 Hint!

［資料］

1．製品X　1個当たりの標準原価

直接材料費	1,000円／kg	×	0.6kg	600円
加　工　費	800円／時間	×	0.5時間	400円
				1,000円

2．当月の生産・販売実績

月初仕掛品	200	個	(60%)	月初製品	150	個
当月投入量	900			当月完成品	800	
合　計	1,100	個		合　計	950	個
月末仕掛品	300		(40%)	月末製品	100	
完　成　品	800	個		販　売　品	850	個

材料はすべて工程の始点で投入している。

（　　）内は加工進捗度を示す。

3．当月の原価実績

製造費用

直接材料費　561,000円

加　工　費　330,000円

パーシャル・プランの場合

材　料

前月繰越	40,400	仕掛品	(　　　)
当月購入	571,600	次月繰越	(　　　)
	612,000		612,000

加　工　費

実際発生額	330,000	仕掛品	330,000

仕　掛　品

前月繰越	(　　　)	製品	(　　　)
直接材料費	(　　　)	次月繰越	(　　　)
加　工　費	330,000	原価差異	(　　　)
	(　　　)		(　　　)

製　品

前月繰越	(　　　)	売上原価	(　　　)
仕掛品	(　　　)	次月繰越	(　　　)
	(　　　)		(　　　)

原価差異

(　　　)	(　　　)	

シングル・プランの場合

材　　料

借方	金額	貸方	金額
前月繰越	40,400	仕掛品	(　　　)
当月購入	571,600	次月繰越	(　　　)
		(　　　)	(　　　)
	612,000		612,000

加　工　費

借方	金額	貸方	金額
実際発生額	(　　　)	仕掛品	(　　　)
		(　　　)	(　　　)
	(　　　)		(　　　)

仕　掛　品

借方	金額	貸方	金額
前月繰越	(　　　)	製品	(　　　)
直接材料費	(　　　)	次月繰越	(　　　)
加工費	(　　　)		
	(　　　)		(　　　)

製　　品

借方	金額	貸方	金額
前月繰越	(　　　)	売上原価	(　　　)
仕掛品	(　　　)	次月繰越	(　　　)
	(　　　)		(　　　)

原価差異

借方	金額	貸方	金額
(　　　)	(　　　)		
(　　　)	(　　　)		

3 製品LCを量産するOSM工場では，標準原価計算を採用しパーシャル・プランを用いて記帳している。次の［資料］にもとづいて，(1)標準原価カードを完成しなさい。また，(2)原価要素別の総差異を求めなさい。

［資料］

1．標準と予算のデータ

直接材料費の標準消費価格：1,000円／kg
直接材料費の標準消費量：10kg／個
直接労務費の標準賃率：800円／時間
直接労務費の標準直接作業時間：５時間／個
製造間接費予算（年間）：14,400,000円
正常直接作業時間（年間）：24,000時間
（注）製造間接費は直接作業時間にもとづき製品に標準配賦している。

2．当月実績データ

当月製品完成量：400個
月末仕掛品量：20個（0.5）
材料はすべて工程の始点で投入している。
（　　）内は加工進捗度を示す。

3．当月の実際原価データ

直接材料費：4,288,000円
直接労務費：1,599,000円
製造間接費：1,265,000円

(1) 標準原価カード

直接材料費	1,000	円／kg	×	10	kg／個	=	（　　　）	円／個
直接労務費	（　　　）	円／時間	×	（　　　）	時間／個	=	（　　　）	円／個
製造間接費	（　　　）	円／時間	×	（　　　）	時間／個	=	（　　　）	円／個
合　計							（　　　）	円／個

(2) 直接材料費総差異 [　　　　] 円（　　　）

直接労務費総差異 [　　　　] 円（　　　）

製造間接費総差異 [　　　　] 円（　　　）

（　　）内には，借方差異ならば借方，貸方差異ならば貸方と記入すること。

4 当社では，予算の作成に信頼しうる基礎を提供し，かつ原価管理を効果的にするために，標準原価計算制度を採用している。次の［資料］にもとづいて，標準製造原価差異分析表を完成しなさい。なお，製造間接費の差異分析では変動予算を用い，能率差異は変動費と固定費からなるものとする。また，解答する際，不利差異には△を付すこと。

［資料］

1．製品1個当たり標準製造原価

直接材料費	100円／kg　×10kg	1,000円
直接労務費	800円／時間×2時間	1,600円
製造間接費	700円／時間×2時間	1,400円
		4,000円

2．製造間接費変動予算

変動費率　300円／時間　　固定費（月額）2,880,000円

3．当月の生産データおよび当月製造費用

月初仕掛品	500	個（40%）	直接材料費	3,439,800円	(98円／kg×35,100kg)
当月投入量	3,500		直接労務費	5,830,200円	(820円／時間×7,110時間)
合　計	4,000	個	製造間接費	5,055,000円	
月末仕掛品	600	（60%）			
完　成　品	3,400	個			

材料はすべて工程の始点で投入している。

（　　）内は加工進捗度を示す。

標準製造原価差異分析表　　　　（単位：円）

直接材料費総差異		(　　)
材料価格差異	(　　)	
材料数量差異	(　　)	
直接労務費総差異		(　　)
賃率差異	(　　)	
作業時間差異	(　　)	
製造間接費総差異		(　　)
予算差異	(　　)	
能率差異	(　　)	
操業度差異	(　　)	
標準製造原価差異		(　　)

5 当年度の直接原価計算方式の損益計算書は次のとおりであった。平均変動費率および年間固定費が次年度も当年度と同様であると予測されているとき，下記の問に答えなさい。Hint!

直接原価計算方式の損益計算書

（単位：万円）

売上高	2,500
変動売上原価	1,400
変動製造マージン	1,100
変動販売費	100
貢献利益	1,000
製造固定費	500
固定販売費及び一般管理費	400
営業利益	100

問1　損益分岐点の売上高はいくらか。
問2　200万円の営業利益を達成する売上高はいくらか。
問3　現在の売上高が何％落ち込むと損益分岐点の売上高に達するか。
問4　売上高が250万円増加するとき営業利益はいくら増加するか。
問5　損益分岐点の売上高を50万円引き下げるためには固定費はいくら引き下げる必要があるか。

問1	万円
問2	万円
問3	％
問4	万円
問5	万円

6 KDR 製作所は，製品Yを製造・販売している。次の［資料］にもとづいて，全部原価計算による損益計算書と直接原価計算による損益計算書を完成しなさい。ただし，同製作所では加工費を生産量にもとづいて予定配賦し，すべての配賦差異を当期の売上原価に賦課している。

［資料］

1．予定生産量（600個）における加工費予算
　変動加工費　450,000円
　固定加工費　600,000円

2．実際製造原価
　原料費（変動費）500円／個
　変動加工費　750円／個
　固定加工費　600,000円

3．実際販売費及び一般管理費
　変動販売費　250円／個
　固定販売費　70,000円
　一般管理費（固定費）180,000円

4．実際生産量・販売量
　当期製品生産量　558個
　当期製品販売量　558個
　（注）期首・期末に製品と仕掛品は存在しない。

5．実際販売価格　3,200円／個

全部原価計算による損益計算書

（単位：円）

項目	金額
売上高	（　　　）
売上原価	（　　　）
配賦差異	（　　　）
売上総利益	（　　　）
販売費	（　　　）
一般管理費	（　　　）
営業利益	（　　　）

直接原価計算による損益計算書

（単位：円）

項目	金額
売上高	（　　　）
変動売上原価	（　　　）
変動製造マージン	（　　　）
変動販売費	（　　　）
貢献利益	（　　　）
固定費	（　　　）
営業利益	（　　　）

7 次の［資料］にもとづいて，第１期から第３期までの損益計算書を，(1)全部原価計算と(2)直接原価計算により完成しなさい。Hint!

［資料］

1．販売価格・原価データ

販売価格：@3,600円

変動費：		固定費：	
直接材料費	@1,000円	固定製造間接費	300,000円
直接労務費	@760円	固定一般管理費	240,000円
変動製造間接費	@520円		
変動販売費	@120円		

2．生産・販売データ

	第１期	第２期	第３期
期首在庫数量	0個	0個	100個
当期生産数量	500個	600個	400個
当期販売数量	500個	500個	500個
期末在庫数量	0個	100個	0個

※ 各期の期首・期末に仕掛品はない。

(1) 全部原価計算による損益計算書

	第１期	第２期	第３期
売上高	(　　　)	(　　　)	(　　　)
売上原価	(　　　)	(　　　)	(　　　)
売上総利益	(　　　)	(　　　)	(　　　)
販売費・一般管理費	(　　　)	(　　　)	(　　　)
営業利益	(　　　)	(　　　)	(　　　)

(2) 直接原価計算による損益計算書

	第１期	第２期	第３期
売上高	(　　　)	(　　　)	(　　　)
変動費	(　　　)	(　　　)	(　　　)
貢献利益	(　　　)	(　　　)	(　　　)
固定費	(　　　)	(　　　)	(　　　)
営業利益	(　　　)	(　　　)	(　　　)

8 O社では，製品Kを製造・販売している。次の［資料］にもとづいて，解答欄の①と⑦には適切な用語を，それ以外には数値を記入しなさい。なお，用語は記号で答えること。

ア．変動製造間接費　イ．貢 献 利 益　ウ．損益分岐点　エ．当期純利益
オ．固定製造間接費　カ．製 造 原 価　キ．売上総利益　ク．原 価 差 異

［資料］

(1) 販売単価　600円

(2) 1個当たり変動費

直 接 材 料 費　150円　　直 接 労 務 費　80円

変動製造間接費　 45円　　変 動 販 売 費　50円

(3) 固定費

固定製造間接費　300,000円　　固定販売費及び一般管理費　140,000円

(4) 金額はすべて実績値であり，第1期・第2期とも条件は同じである。

(5) 製造間接費は各期の実際生産量にもとづいて配賦する。

(6) 生産・販売状況

	第 1 期	第 2 期
期首製品在庫量	0個	0個
当期製品生産量	2,000個	2,400個
当期製品販売量	2,000個	1,800個
期末製品在庫量	0個	600個

※各期の期首・期末に仕掛品はない。

直接原価計算による損益計算書では，売上高から変動費を控除して，（①　　　　　）を計算し，さらに固定費を控除して営業利益を計算する。第1期の①は（②　　　　　）円，営業利益は（③　　　　　）円である。一方，全部原価計算によると，第1期の売上総利益は（④　　　　　）円，営業利益は直接原価計算と同じである。

第2期の営業利益は，直接原価計算によると（⑤　　　　　）円，全部原価計算によると（⑥　　　　　）円である。この営業利益の差は，全部原価計算において期末棚卸資産に含まれる（⑦　　　　　）の分である。

仮に，第2期の製品生産量を2,500個とすると，期末製品在庫量は（⑧　　　　　）個に増える。このときの営業利益は，直接原価計算によると（⑨　　　　　）円，全部原価計算によると（⑩　　　　　）円になる。

標準原価計算編

1 D社は，食材を仕入れて製品X（販売単価2,000円／個）に加工し，直営の店舗で販売する製造小売チェーンを展開している。原価計算方式としては，パーシャル・プランの標準原価計算を採用している。次の［資料］にもとづいて，当月の仕掛品勘定および月次損益計算書を完成しなさい。なお，標準原価差異は月ごとに損益計算に反映させており，その全額を売上原価に賦課すること。

［資料］

1．製品X　1個当たりの標準原価

直接材料費	1,000円／kg	× 0.2kg	200円
加　工　費	800円／時間	× 0.5時間	400円
			600円

2．当月の生産・販売実績

月初仕掛品	1,000 個(60%)	月 初 製 品	400 個	
当月投入量	4,800	当月完成品	4,600	
合　計	5,800 個	合　計	5,000 個	
月末仕掛品	1,200 (40%)	月 末 製 品	500	材料はすべて工程の始点で投入している。
完　成　品	4,600 個	販 売 製 品	4,500 個	（　）内は加工進捗度を示す。

3．当月の原価実績

製造費用

直接材料費　990,000円　　加　工　費　1,798,000円

仕　掛　品　　(単位：円)

月 初 有 高	（　　　）	製　　品	（　　　）
直接材料費	（　　　）	月 末 有 高	（　　　）
加　工　費	（　　　）	原 価 差 異	（　　　）
	（　　　）		（　　　）

月 次 損 益 計 算 書　　(単位：円)

Ⅰ 売　上　高		（　　　）
Ⅱ 売 上 原 価		
月 初 製 品 有 高	（　　　）	
当月製品製造原価	（　　　）	
合　　計	（　　　）	
月 末 製 品 有 高	（　　　）	
差　　引	（　　　）	
原 価 差 異	（　　　）	（　　　）
売 上 総 利 益		（　　　）
Ⅲ 販売費及び一般管理費		2,809,000
営 業 利 益		（　　　）

2 SP社は，パーシャル・プランの標準原価計算を採用している。製品Ｚの１個当たりの標準原価は以下のように設定されている。なお，当月の完成品は3,700個，月末仕掛品は100個（60％）で，月初仕掛品は存在しなかった。

直接材料費	標準単価	1,600円／kg	標準消費量	0.5kg／個	800円
直接労務費	標準賃率	1,100円／時間	標準直接作業時間	１時間／個	1,100円
製造間接費	標準配賦率	1,500円／時間	標準直接作業時間	１時間／個	1,500円
					3,400円

製造間接費は変動予算を用いて，直接作業時間を配賦基準として配賦されている。年間の正常直接作業時間は48,000時間であり，年間変動製造間接費予算は33,600,000円，年間固定製造間接費予算は38,400,000円である。

当月の実際製造費用は，次のとおりであったとする。

直接材料費　3,165,200円

直接労務費　4,120,200円

製造間接費　5,840,600円

実際直接作業時間は，3,780時間であった。

問１　当月の完成品標準原価を計算しなさい。

問２　当月の原価差異の総額を計算しなさい。借方差異か貸方差異を明示すること。

問３　直接材料費差異を計算しなさい。借方差異か貸方差異を明示すること。

問４　直接労務費差異が賃率差異と作業時間差異に分析されるとき，作業時間差異を計算しなさい。借方差異か貸方差異を明示すること。

問５　変動予算にもとづく製造間接費予算差異を計算しなさい。借方差異か貸方差異を明示すること。

問１	円	
問２	円	（ 借方差異 ・ 貸方差異 ）
問３	円	（ 借方差異 ・ 貸方差異 ）
問４	円	（ 借方差異 ・ 貸方差異 ）
問５	円	（ 借方差異 ・ 貸方差異 ）

（注）問２～５は（借方差異・貸方差異）のいずれかを○で囲むこと。

3 EBS社は製品Ｙを量産しており，パーシャル・プランの標準原価計算を採用している。次の［資料］にもとづいて，下記の問に答えなさい。なお，差異分析では変動予算を用い，能率差異は変動費と固定費からなるものとする。

［資料］

1．製品Ｙ１個当たりの標準直接作業時間　２時間

2．当月正常直接作業時間　4,500時間

3．製造間接費標準配賦率　340円／時間

4．当月生産データ

月初仕掛品	400個	（進捗度50％）
当月完成品	2,150個	
月末仕掛品	200個	（進捗度50％）

5．当月実際直接作業時間　4,250時間

6．当月実際製造間接費

変　動　費	560,000円
固　定　費	945,000円
合　計	1,505,000円

（注）固定費の発生額は予算と同額であった。

問１　固定製造間接費の標準配賦率を計算しなさい。

問２　当月の標準配賦額を計算しなさい。

問３　製造間接費の差異分析を行いなさい。

問１　固定製造間接費の標準配賦率　＝　［　　　　　］円／時間

問２　当月の標準配賦額　＝　［　　　　　］円

問３　製造間接費総差異　＝　［　　　　　］円（ 有利・不利　差異 ）

予算差異　＝　［　　　　　］円（ 有利・不利　差異 ）

能率差異　＝　［　　　　　］円（ 有利・不利　差異 ）

操業度差異　＝　［　　　　　］円（ 有利・不利　差異 ）

（注）（　　）内の「有利」または「不利」を○で囲むこと。

4 SMZ 社は製品Ｈを量産しており，パーシャル・プランの標準原価計算を採用している。
製品１個当たりの標準原価が以下のように求められた。

直接材料費	標準単価	300円／kg	標準消費量	0.8kg／個	240円
直接労務費	標準賃率	1,000円／時間	標準直接作業時間	0.6時間／個	600円
製造間接費	標準配賦率	2,000円／時間	標準直接作業時間	0.6時間／個	1,200円
					2,040円

製造間接費は直接作業時間を配賦基準として配賦される。なお，当月の製品Ｈの生産量は1,500個であった。また，当月の製造費用は次のようであった。

直接材料費　364,800円
直接労務費　906,000円
製造間接費　1,945,000円

年間製造間接費予算は変動費15,000,000円と固定費9,000,000円の合計24,000,000円で，年間正常直接作業時間は12,000時間であったとする。当月の実際直接作業時間は920時間であったとする。

問１　仕掛品勘定から製品勘定へ振り替える仕訳をしなさい。
問２　仕掛品勘定から原価差異勘定へ振り替える仕訳をしなさい。
問３　製造間接費総差異はいくらか。
問４　問３で計算した製造間接費総差異を予算差異，能率差異，操業度差異に分析しなさい。ただし，能率差異は変動費のみで計算するものとする。

問１

借方科目	金　額	貸方科目	金　額

問２

借方科目	金　額	貸方科目	金　額

問３

円　（　有利差異　・　不利差異　）

（有利差異・不利差異）のいずれかを○で囲むこと。

問４

予算差異	円　（　有利差異　・　不利差異　）
能率差異	円　（　有利差異　・　不利差異　）
操業度差異	円　（　有利差異　・　不利差異　）

（有利差異・不利差異）のいずれかを○で囲むこと。

5 製品 AK を量産する YM 工場では，パーシャル・プランによる標準原価計算を採用している。次の［資料］にもとづいて，(1)原価標準（単位当たり標準原価），(2)直接労務費総差異，(3)製造間接費の予算差異，(4)製造間接費の能率差異，(5)製造間接費の操業度差異を計算しなさい。Hint!

［資料］

1．当月の生産に関する資料

当月製品完成量：500単位

月末仕掛品量：100単位（1/2）

（注1）直接材料は工程の始点で投入される。

（注2）（　　）内の数値は加工進捗度を示している。

（注3）月初仕掛品はなかった。

2．当月の実際発生額に関する資料

直接材料費：60,000,000円（実際消費量30,000kg）

直接労務費：42,420,000円（実際直接作業時間42,500時間）

製造間接費：21,050,000円

3．当月の標準と予算に関する資料

直接材料費の標準消費価格：2,000円／kg

直接材料費の標準消費量：50kg／単位

直接労務費の標準消費賃率：1,000円／時間

直接労務費の標準直接作業時間：80時間／単位

製造間接費月次予算：21,500,000円

（注）製造間接費は直接作業時間を基準として製品に標準配賦されている。（月間基準操業度＝43,000時間）

(1) ［　　　　　　］円／単位

(2) ［　　　　　　］円（　　　　）

(3) ［　　　　　　］円（　　　　）

(4) ［　　　　　　］円（　　　　）

(5) ［　　　　　　］円（　　　　）

（注）(2)～(5)の（　　）内には，借方差異の場合は借方，貸方差異の場合は貸方と記入すること。

6 D社の九州工場では，直接材料を工程の始点で投入し，単一の製品Xをロット生産している。標準原価計算制度を採用し，勘定記入の方法はシングル・プランによる。次の［資料］にもとづいて，下記の問に答えなさい。なお，月初に直接材料，仕掛品，製品の在庫は存在しない。

［資料］

1．製品Xの原価標準

直接材料費	標準単価	2,400円	標準消費量	2 kg	4,800円
加工費	標準配賦率	3,000円	標準作業時間	1時間	3,000円
					7,800円

2．当月の生産実績

完成品　360個（月末仕掛品は存在しなかった）

3．当月の販売実績

販売品　300個（販売単価10,000円／個）

月末製品　60個

問1　直接材料にかかわる当月の一連の取引(1)～(3)について仕訳をしなさい。なお，勘定科目は次の中から最も適当と思われるものを選び，記号で答えること。

ア．材料　イ．仕掛品　ウ．製造間接費
エ．買掛金　オ．価格差異　カ．数量差異

(1)　直接材料900kgを1kg当たり2,360円で掛けにて購入した。なお，当工場では実際の購入単価をもって材料勘定への受入記録を行っている。

(2)　製品X360個に対する標準直接材料費を仕掛品勘定に振り替えた。

(3)　製品X360個に対する実際直接材料消費量は750kgであったので，(2)の標準直接材料費との差額を価格差異勘定と数量差異勘定に振り替えた。

問2　月次損益計算書を完成しなさい。なお，加工費の原価差異（当月分）として168,000円（借方差異）が計上されている。原価差異は月ごとに損益計算に反映されており，問1の直接材料費総差異とともに，その全額を売上原価に賦課する。

問1

	借方		貸方	
	記号	金額	記号	金額
(1)	（　）		（　）	
(2)	（　）		（　）	
(3)	（　）		（　）	
	（　）		（　）	

問2

月次損益計算書　（単位：円）

Ⅰ 売上高		（　）
Ⅱ 売上原価		
当月製品製造原価	（　）	
月末製品有高	（　）	
標準売上原価	（　）	
原価差異	（　）	（　）
売上総利益		（　）

7 KDR社では，工程の始点で投入した原料Mを加工して製品Tを生産している。標準原価計算制度を採用し，勘定記入の方法はシングル・プランによる。製品Tの標準原価カードは次のとおりである。

原料費	標準単価 280円／㎡	標準消費量 2㎡	560	円
加工費	標準配賦率 120円／時間	標準直接作業時間 4時間	480	円
製品T1個当たり標準製造原価			1,040	円

次の［資料］にもとづいて，各勘定を完成しなさい。なお，材料勘定には，原料Mに関する取引だけが記録されている。

［資料］

(1) 原料M 2,800㎡を1㎡当たり300円で掛けにて購入した。当社では実際の購入単価をもって材料勘定への受入記録を行っている。

(2) 原料Mの実際消費量は2,650㎡であった。材料の消費額については，製品の生産実績にもとづき，月末に一括して仕掛品勘定に振り替え，原価差異を把握する。

(3) 原料Mの月末在庫は150㎡であった。月初在庫はなかった。

(4) 製品Tの生産実績は次のとおりである。

月初仕掛品	200	個	（加工進捗度50%）
当月投入	1,300		
合計	1,500	個	
月末仕掛品	300		（加工進捗度40%）
当月完成品	1,200	個	

材料

借方		貸方	
買掛金	（ ）	仕掛品	（ ）
		価格差異	（ ）
		数量差異	（ ）
		月末有高	（ ）
	（ ）		（ ）

買掛金

借方		貸方	
		材料	（ ）

仕掛品

借方		貸方	
月初有高	（ ）	製品	（ ）
材料	（ ）	月末有高	（ ）
加工費	（ ）		
	（ ）		（ ）

価格差異

借方		貸方
（ ）	（ ）	

数量差異

借方		貸方
（ ）	（ ）	

8 株式会社SMZでは，２種類の洋菓子（製品Ｓと製品Ｙ）を製造している。原価計算方式としては標準原価計算を採用している。加工費の配賦基準は直接作業時間であり，予定直接作業時間を基準操業度としている。現在，20X1年５月の予算と実績に関するデータを入手し，実績検討会議に向けた報告書を作成している。次の［資料］にもとづいて，下記の問に答えなさい。

［資料］

1．原価標準（製品１個当たりの標準原価）

⑴　製品Ｓ

原料費	3円／g　×100g	300	円
加工費	750円／時間×0.4時間	300	円
	合計	600	円

⑵　製品Ｙ

原料費	4円／g　×150g	600	円
加工費	750円／時間×0.6時間	450	円
	合計	1,050	円

2．20X1年５月予算

	製品Ｓ	製品Ｙ
生　産　量	2,000個	1,500個
変動加工費	200円／時間	200円／時間
固定加工費	440,000円	495,000円

※加工費予算は変動予算を用いている。

3．20X1年５月実績

	製品Ｓ	製品Ｙ
生　産　量	2,200個	1,500個
原　料　費	705,000円	879,700円
原料消費量	225,600g	231,500g
加　工　費	620,750円	686,000円
直接作業時間	910時間	920時間

※月初・月末に仕掛品は存在しない。

問１　予算生産量にもとづく製品Ｓの標準原価（予算原価）を計算しなさい。

問２　実際生産量にもとづく製品Ｓの標準原価を計算しなさい。

問３　製品Ｙの標準原価差異を分析し，⑴原料費差異を価格差異と数量差異に分けなさい。⑵加工費差異を予算差異，能率差異，操業度差異に分けなさい。なお，能率差異は変動費と固定費の両方からなる。

問１　＿＿＿＿＿＿＿＿円

問２　＿＿＿＿＿＿＿＿円

問３⑴　価格差異　＿＿＿＿＿＿＿＿円（有利・不利）

数量差異　＿＿＿＿＿＿＿＿円（有利・不利）

⑵　予算差異　＿＿＿＿＿＿＿＿円（有利・不利）

能率差異　＿＿＿＿＿＿＿＿円（有利・不利）

操業度差異　＿＿＿＿＿＿＿＿円（有利・不利）

※有利か不利か，不要な方に二重線を付すこと。

9 ケンショウ（株）では，製品C，製品K，製品Jの3種類の製品を製造しており，パーシャル・プランの標準原価計算を採用している。以下の［資料］にもとづいて，下記の問に答えなさい。

［資料］

1．直接材料の標準単価と標準消費量

製　　品	C	K	J
材料の種類	N01	N02	N01
材料の標準単価	250円／kg	300円／kg	250円／kg
材料の標準消費量	10kg	8 kg	7 kg

2．標準直接作業時間

製　　品	C	K	J
標準直接作業時間	1時間	1.5時間	1時間

3．加工費

加工費は，直接作業時間を配賦基準として標準配賦される。なお，加工費の変動費率は1,000円／時間，月間固定費予算額は4,000,000円，正常直接作業時間は4,000時間である。

4．実際生産量

製　　品	C	K	J
実際生産量	1,000個	800個	1,200個

5．材料実際消費量と実際単価

材　　料	N01	N02
実際消費量	18,500kg	6,600kg
実際単価	245円	305円

6．実際直接作業時間と加工費実際発生額

実際直接作業時間は3,500時間，加工費実際発生額は6,920,000円であった。

問1　製品C，製品K，製品Jの原価標準を計算しなさい。

製　　品	C	K	J
原価標準	円	円	円

問2　直接材料費総差異および加工費総差異を計算しなさい。

直接材料費総差異	円（借方，貸方）
加工費総差異	円（借方，貸方）

（借方，貸方）のいずれかを二重線で消すこと。

10 製品Qの標準原価カードおよび5月の資料にもとづいて，下記の問に答えなさい。

製品Q標準原価カード

直接材料費	750円／kg	2 kg	1,500円
直接労務費	700円／時間	2時間	1,400円
製造間接費	1,300円／時間	2時間	2,600円
			5,500円

製品Qの5月の実際生産量は2,100個であった。当月の原価要素ごとの実際発生額は以下のとおりであった。

直接材料費　760円／kg　（実際単価）×4,250kg　（実　際　消　費　量）＝3,230,000円

直接労務費　710円／時間（実際賃率）×4,230時間（実際直接作業時間）＝3,003,300円

製造間接費　5,620,000円

問1　5月における標準原価総差異を計算しなさい。

問2　5月の月間固定費予算が3,440,000円で，基準操業度（直接作業時間）が月間4,300時間であるとして，製造間接費総差異を，変動予算を用いて予算差異，能率差異，操業度差異に分解しなさい。ただし，能率差異は，変動費のみを用いて計算すること。

問3　直接材料費価格差異，直接労務費賃率差異，製造間接費予算差異のなかで，差異の金額（絶対値）が一番小さいのはどの差異か。また，その差異の金額を答えなさい。

問4　他の条件が変化せず製造間接費実際発生額が5,730,000円であったとすると，問2の方式で計算される予算差異，能率差異，操業度差異のうち，どの差異がどれだけ変化するか。

問1		円　（　　　　　）差異
問2	予算差異	円　（　　　　　）差異
	能率差異	円　（　　　　　）差異
	操業度差異	円　（　　　　　）差異
問3	【　　　　　　】差異が【　　　　　　】円で一番小さい。	
問4	【　　　　　　】差異が【　　　　　　】円変化する。	

（注）問1・問2の（　　）内には，借方差異（不利な差異）ならば借方，貸方差異（有利な差異）ならば貸方と記入すること。

直接原価計算編

1 当社はA製品を生産・販売しており，現在，次期の利益計画を策定中である。当期の業績は次のとおりであった。次期においても，販売価格，製品単位当たりの変動費額および期間当たり固定費額は当期と同一であるとして，下記の問に答えなさい。なお，仕掛品および製品の在庫はないものとする。

売　上　高			@4,000円×7,500個		30,000,000円
原価	変動費	変動売上原価	@2,000円×7,500個	15,000,000円	
		変動販売費	@　200円×7,500個	1,500,000	
	固定費	固定製造原価		6,400,000	
		固定販売費・一般管理費		2,600,000	25,500,000円
営　業　利　益					4,500,000円

問1　当期における貢献利益を計算しなさい。

問2　次期における損益分岐点の売上高を計算しなさい。

問3　次期の目標営業利益7,200,000円を達成する販売数量を計算しなさい。

問4　次期においては，競争業者の出現に対応するため，販売価格を20%値下げすることになったとして，当期と同額の営業利益を達成する販売数量を計算しなさい。

問5　販売部門責任者の意見によれば，上記問4で計算した販売数量は達成が困難であり，販売価格を20%値下げしても販売数量は13,000個が限界である。そこで，この販売価格と販売数量を前提として，当期と同額の営業利益を達成するために，固定費を削減することとした。削減すべき固定費の金額を計算しなさい。

問1	円
問2	円
問3	個
問4	個
問5	円

2 当月から製品 YN を製造し，そのすべてを完成し販売した当社では，当月の売上高の36,900,000円に対して，総原価の各費用を変動費と固定費に分解した結果，次のとおりであった。

	変動費	固定費
製造原価		
主要材料費	2,700,000円	
補助材料費	600,000 〃	
買入部品費	1,050,000 〃	
間接工賃金	1,875,000 〃	1,440,000円
直接賃金	5,250,000 〃	
従業員賞与手当		120,000 〃
減価償却費		4,425,000 〃
その他の間接経費	285,000 〃	555,000 〃
販売費	3,000,000 〃	4,140,000 〃
一般管理費		9,300,000 〃

(1) 当月の直接材料費総額を計算しなさい。
(2) 当月の製造間接費総額を計算しなさい。
(3) 原価分解の結果を利用し，当月の貢献利益を計算しなさい。
(4) 原価分解の結果を利用し，当月の損益分岐点売上高を計算しなさい。
(5) 当月に売上高営業利益率10%を達成するために必要であった売上高を計算しなさい。

(1) 当月の直接材料費総額 = [　　　　] 円

(2) 当月の製造間接費総額 = [　　　　] 円

(3) 当月の貢献利益 = [　　　　] 円

(4) 当月の損益分岐点売上高 = [　　　　] 円

(5) 当月の必要売上高 = [　　　　] 円

3 NGZ 社の来月の予定損益計算書にもとづいて，解答欄の（　　）に適切な用語または数字を記入しなさい。なお，使用する用語は次の語群から選び，記号で答えること。

ア．売上総利益	イ．売上原価	ウ．間接費	エ．貢献利益	オ．固定費
カ．全部原価計算	キ．直接原価計算	ク．標準原価	ケ．標準原価計算	コ．変動費

予定損益計算書

売上高	@100,000円×35,000台		350,000万円
変動売上原価			
原料費	@ 45,000円×35,000台	157,500万円	
加工費	@ 9,000円×35,000台	31,500万円	189,000万円
変動製造マージン	@ 46,000円×35,000台		161,000万円
変動販売費	@ 6,000円×35,000台		21,000万円
貢献利益	@ 40,000円×35,000台		140,000万円
固定費			
製造原価		40,000万円	
販売費及び一般管理費		30,000万円	70,000万円
営業利益			70,000万円

NGZ 社は，（①　　　　　　）方式の損益計算書を採用している。①方式の損益計算書では，原価（製造原価，販売費及び一般管理費）を（②　　　　　　）と（③　　　　　　）とに分解し，売上高からまず②を差し引いて（④　　　　　　）を計算し，④から③を差し引いて営業利益を計算する。この方式の損益計算書を用いることで，短期利益計画に役立つ原価・営業量・利益の関係が明らかになる。

NGZ 社の来月の貢献利益率は（⑤　　　　　　）%，損益分岐点販売量は（⑥　　　　　　）台である。損益分岐点の営業量と予定または実際の営業量との差を安全余裕度というが，NGZ 社の来月の安全余裕度は販売量でいえば（⑦　　　　　　）台である。

NGZ 社の来月の売上高営業利益率は（⑧　　　　　　）%であるが，売上高営業利益率26%を達成したい場合の売上高は（⑨　　　　　　）億円であり，そのときの④は（⑩　　　　　　）億円である。

4 製品 NK を量産する TK 社の正常操業圏は，月間生産量が56,000単位から86,000単位である。製品 NK の販売単価は200円で，過去６か月間の生産・販売量および総原価に関する実績データは，次のとおりであった。

	生産・販売量	総　原　価
１月	40,000単位	10,088,000円
２月	56,000単位	12,460,000円
３月	75,000単位	14,700,000円
４月	85,000単位	16,000,000円
５月	86,000単位	16,060,000円
６月	84,000単位	15,800,000円

問１　正常操業圏における最小の売上高を求めなさい。

問２　上記の実績データにもとづいて，高低点法による製品 NK の総原価の原価分解を行い，製品１単位当たりの変動費と，月間固定費を求めなさい。

問３　原価分解の結果を利用し，当社の月間損益分岐点売上高を求めなさい。

問４　当社の総資本は60,000,000円であるとして，月間目標総資本営業利益率が１％となる月間目標売上高を求めなさい。

問1	最小の売上高		円
問2	単位当たり変動費		円／単位
	月間固定費		円
問3	月間損益分岐点売上高		円
問4	月間目標売上高		円

5 ケンショウ（株）は全国にカフェを展開し，博多駅前店の11月の利益計画を作成している。10月の利益計画では，売上高は7,000,000円であり，変動費と固定費は次の［資料］のとおりであった。11月の利益計画は，変動費率と固定費額について10月と同じ条件で作成する。下記の問に答えなさい。

［資料］

変動費		固定費	
食材費	1,610,000円	正社員給料	1,300,000円
アルバイト給料	840,000円	水道光熱費	1,030,000円
その他	350,000円	支払家賃	880,000円
		その他	390,000円

問1　変動費率を計算しなさい。

問2　損益分岐点売上高を計算しなさい。

問3　目標営業利益1,260,000円を達成するために必要な売上高を計算しなさい。

問4　11月の売上高を7,500,000円と想定した場合の営業利益を計算しなさい。

問5　これまで水道光熱費をすべて固定費としてきたが，精査してみると変動費部分もあることがわかった。過去6か月の売上高と水道光熱費の実績データは以下のとおりであった。高低点法により，売上高に対する水道光熱費の変動費率（%）を計算しなさい。なお，すべて正常なデータである。

	4月	5月	6月	7月	8月	9月
売上高	7,050,000円	7,800,200円	6,690,000円	7,618,000円	8,190,000円	7,484,000円
水道光熱費	1,024,400円	1,050,000円	1,016,500円	1,043,000円	1,054,000円	1,033,200円

問1 [　　　　] %

問2 [　　　　] 円

問3 [　　　　] 円

問4 [　　　　] 円

問5 [　　　　] %

6 当社は，N製品を製造・販売している。当月の業績は次のとおりであった。下記の各問の文章中の（　　）内の数字として適切なものを解答欄に記入しなさい。なお，月初および月末に仕掛品および製品の在庫はないものとする。

売　上　高			@40,000円×500個
原価	変動費	変動製造原価	@18,000円×500個
		変動販売費	@ 2,000円×500個
	固定費	固定製造原価	7,500,000円
		固定販売費・一般管理費	500,000円

問1　(1)　当社の月間貢献利益は（　①　）円である。

(2)　当社の損益分岐点における月間販売数量は（　②　）個である。

問2　販売単価，製品単位当たりの変動費，月間固定費は次月以降も当月の実績どおりと予定される場合，次月以降，月間目標営業利益2,500,000円を獲得しようとするならば，月間貢献利益は（　③　）円，月間販売数量は（　④　）個でなければならない。

問3　（　④　）個の月間販売数量は達成が不可能であることが，利益計画策定中に明らかになった。販売数量は確保したいが，当社としては販売単価を引き下げたくないので，販売費を増やす案を検討した。製品単位当たり変動販売費を500円追加すれば，月間510個の販売が可能となる。しかし，この場合の月間営業利益は（　⑤　）円で，月間目標営業利益2,500,000円を達成できない。

①		②	
③		④	
⑤			

7 YM社は，当期に製品KWを40,000個製造し，価格400円にてそのすべてを販売した。そして，全部原価計算により，下記の損益計算書を作成した。次期の利益計画のため，製品KWを原価分析した結果，製品1個について，変動費は直接材料費80円，直接労務費20円，製造間接費40円，販売費10円であることが判明した。なお，直接材料費と直接労務費はすべて変動費であり，製造間接費と販売費及び一般管理費については，変動費以外は固定費である。また，期首と期末に仕掛品および製品の存在はないものとする。

損益計算書 （単位：円）

売上高	16,000,000
売上原価	8,000,000
売上総利益	8,000,000
販売費及び一般管理費	4,800,000
営業利益	3,200,000

問1　直接原価計算による当期の損益計算書を完成しなさい。

問2　当期の損益分岐点の売上高を計算しなさい。

問3　次期に，価格，固定費，製品1個当たり変動費ともその金額が当期と同一と仮定した場合，上記の営業利益を2倍にするために必要な売上高を計算しなさい。

問1

直接原価計算による損益計算書 （単位：円）

売上高	（　　）
変動売上原価	（　　）
変動製造マージン	（　　）
変動販売費	（　　）
貢献利益	（　　）
製造固定費	（　　）
固定販売費及び一般管理費	（　　）
営業利益	（　　）

問2　当期の損益分岐点の売上高 ＝ [　　　　] 円

問3　次期に営業利益を2倍にする売上高 ＝ [　　　　] 円

8 AK社は製品YMを製造・販売している。製品YMの販売単価は600円／個であった（当期中は同一の単価が維持された）。当期の全部原価計算による損益計算書は，下記のとおりであった。原価分析によれば，当期の製造原価に含まれる固定費は252,000円，販売費に含まれる固定費は36,000円，一般管理費142,500円はすべて固定費であった。固定費以外はすべて変動費であった。なお，期首と期末に仕掛品と製品の在庫は存在しないものとする。

損益計算書　（単位：円）

売上高	1,680,000
売上原価	1,218,000
売上総利益	462,000
販売費及び一般管理費	304,500
営業利益	157,500

問1　直接原価計算による損益計算書を完成しなさい。

問2　当期の損益分岐点の売上高を計算しなさい。

問3　販売単価，単位当たり変動費，固定費に関する条件に変化がないものとして，営業利益210,000円を達成するために必要であった販売数量を計算しなさい。

問1

直接原価計算による損益計算書　（単位：円）

売上高	（　　　）
変動売上原価	（　　　）
変動製造マージン	（　　　）
変動販売費	（　　　）
貢献利益	（　　　）
製造固定費	（　　　）
固定販売費及び一般管理費	（　　　）
営業利益	（　　　）

問2　当期の損益分岐点の売上高 ＝ 　　　　円

問3　営業利益210,000円を達成するための販売数量 ＝ 　　　　個

9 NK社では，製品GWを製造・販売している。これまで全部原価計算による損益計算書を作成してきたが，販売量と営業利益の関係がわかりにくいため，過去2期分のデータをもとに直接原価計算による損益計算書に作り替えることとした。次の［資料］にもとづいて，直接原価計算による損益計算書を完成しなさい。

［資料］

(1) 製品GW 1個当たり全部製造原価

	前々期	前　期
直接材料費	？円	1,140円
変動加工費	160円	？円
固定加工費	？円	？円
	2,040円	1,910円

(2) 固定加工費は前々期，前期とも720,000円であった。固定加工費は各期の実際生産量にもとづいて実際配賦している。

(3) 販売費及び一般管理費（前々期，前期で変化なし）

変動販売費　220円／個　　固定販売費及び一般管理費　　？円

(4) 生産・販売状況（期首・期末の仕掛品は存在しない）

	前々期	前　期
期首製品在庫量	0個	0個
当期製品生産量	1,000個	1,200個
当期製品販売量	1,000個	1,000個
期末製品在庫量	0個	200個

(5) 全部原価計算による損益計算書 (単位：円)

	前々期	前　期
売上高	3,200,000	3,200,000
売上原価	2,040,000	1,910,000
売上総利益	1,160,000	1,290,000
販売費及び一般管理費	780,000	780,000
営業利益	380,000	510,000

直接原価計算による損益計算書 (単位：円)

	前々期	前　期
売上高	(　　)	(　　)
変動費	(　　)	(　　)
貢献利益	(　　)	(　　)
固定費	(　　)	(　　)
営業利益	(　　)	(　　)

10 次の［資料］にもとづき，各自，全部原価計算による損益計算書と直接原価計算による損益計算書を作成したうえで，下記の問に答えなさい。なお，全部原価計算においては，製造間接費は生産量を配賦基準として実際配賦を行うものとする。また，製品の払出単価の計算は先入先出法による。

［資料］

第１期から第４期を通じて，販売単価，製品単位当たり変動費，固定費の実績に変化がなく，次のようであったとする。

① 販売単価 @45,000円

② 製品単位当たり変動費（製造原価のみ） 製造直接費 @7,500円 製造間接費 @7,500円

③ 固定費 製造原価 9,000,000円 販売費・一般管理費 6,000,000円

④ 生産・販売数量等

	第 1 期	第 2 期	第 3 期	第 4 期
期首製品在庫量	0個	0個	500個	500個
当期製品生産量	1,000個	1,500個	1,000個	500個
当期製品販売量	1,000個	1,000個	1,000個	1,000個
期末製品在庫量	0個	500個	500個	0 個

なお，各期首，期末に仕掛品の在庫は存在しない。

問１ 第１期から第４期における全部原価計算の営業利益と直接原価計算の営業利益を記入しなさい。

	第１期	第２期	第３期	第４期
全部原価計算の営業利益				
直接原価計算の営業利益				

問２ 第２期期末における貸借対照表の製品有高は，全部原価計算の場合と直接原価計算の場合とでは，どちらがどれだけ多いか。なお，（ ）内の正しい方の語句を○で囲んだうえで，金額を記入しなさい。

第２期期末における貸借対照表の製品有高は，（ 全部原価計算・直接原価計算 ）の場合の方が，

［ ］円だけ多い。

問３ 製造原価に含まれる固定費に関する文章の（ ）内の正しい方の語句を○で囲みなさい。

（ 直接原価計算・全部原価計算 ）では，製造原価に含まれる固定費は在庫に配賦されず，すべて当期の費用として処理されるが，（ 直接原価計算・全部原価計算 ）の場合，製造原価に含まれる固定費が製品や仕掛品の在庫に配賦され次期に繰り越されることで，問２のように貸借対照表の製品有高や問１の第２期から第４期の営業利益に影響を与える。たとえば，問１の第３期において，直接原価計算の営業利益に，第２期から繰り越された製品の在庫に配賦された製造原価に含まれる固定費を（ 加算・減算 ）し，第４期に繰り越す製品の在庫に配賦された製造原価に含まれる固定費を（ 加算・減算 ）する調整を行うことで，全部原価計算の営業利益を求めることができる。

11 次の［資料］にもとづいて，仕掛品勘定と損益計算書を完成しなさい。なお，当社では，直接原価計算による損益計算書を作成している。

［資料］

1．棚卸資産有高

	期首有高	期末有高
原　　　料	720,000円	622,500円
仕　掛　品(※)	877,500円	960,000円
製　　　品(※)	1,065,000円	937,500円

（※）変動製造原価のみで計算されている。

2．賃金・給料未払高

	期首未払高	期末未払高
直接工賃金	330,000円	307,500円
間接工賃金	82,500円	72,000円
工場従業員給料	127,500円	120,000円

3．原料当月仕入高　5,820,000円

4．賃金・給料当期支払高

直接工賃金　2,460,000円
間接工賃金　765,000円
工場従業員給料　1,080,000円

5．製造経費当期発生高

電　力　料　280,500円
保　険　料　315,000円
減価償却費　396,000円
そ　の　他　277,500円

6．販売費・一般管理費

変動販売費　982,500円
固定販売費　609,000円
一般管理費　712,500円

7．その他

(1)　直接工は直接作業のみに従事している。
(2)　変動製造間接費は直接労務費の40%を予定配賦している。配賦差異は変動売上原価に賦課する。
(3)　直接工賃金および間接工賃金は変動費，工場従業員給料は固定費である。
(4)　製造経費のうち電力料のみが変動費である。
(5)　一般管理費はすべて固定費である。

仕 掛 品

借方		貸方	
期首有高	877,500	当期完成高	(　　　)
直接材料費	(　　　)	期末有高	(　　　)
直接労務費	(　　　)		
変動製造間接費	(　　　)		
	(　　　)		(　　　)

直接原価計算による損益計算書

(単位：円)

Ⅰ 売上高		15,105,000
Ⅱ 変動売上原価		
1．期首製品棚卸高	1,065,000	
2．当期製品変動製造原価	(　　　)	
合計	(　　　)	
3．期末製品棚卸高	(　　　)	
差引	(　　　)	
4．原価差異	(　　　)	(　　　)
変動製造マージン		(　　　)
Ⅲ 変動販売費		(　　　)
貢献利益		(　　　)
Ⅳ 固定費		
1．製造間接費	(　　　)	
2．固定販売費及び一般管理費	(　　　)	(　　　)
営業利益		(　　　)

12 当社の11月の生産および販売記録は次のとおりであった。直接原価計算方式の損益計算書を作成していることを前提に下記の問に答えなさい。

生産量	5,000台
販売量	4,800台
月初在庫量	0台
販売単価	3,000円
直接材料費	1,530,000円
直接労務費	520,000円
製造間接費	3,950,000円
変動販売費	960,000円
固定販売費及び一般管理費	3,548,000円

なお，直接材料費と直接労務費は変動費，製造間接費3,950,000円の内訳は，変動費が1,450,000円，固定費が2,500,000円である。また，変動販売費は当月の販売量に対して発生したものである。

問１　損益計算書を完成しなさい。
問２　損益分岐点売上高はいくらか。
問３　売上高営業利益率は何％か。ただし，１％未満は四捨五入すること。（例）11.4％→11％
問４　安全余裕率は何％か。ただし，１％未満は四捨五入すること。

問１

損益計算書　(単位：円)

売上高	(　　　　)
変動費	
月初製品有高	(　　　　)
当月製品変動製造原価	(　　　　)
合計	(　　　　)
月末製品有高	(　　　　)
変動売上原価	(　　　　)
変動販売費	(　　　　)
貢献利益	(　　　　)
固定費	(　　　　)
営業利益	(　　　　)

問２	円
問３	％
問４	％

短期集中トレーニング　日商簿記２級
標準原価計算・直接原価計算編　解答

詳しい解説がこちらに用意してあります。
https://www.jikkyo.co.jp/d1/02/sho/22nb2hyoa
※Webページの使用に伴う通信料は自己負担となります。

ウォーミングアップ

1

	借方		貸方	
	記号	金額	記号	金額
(1)	（ イ ）	*178,500*	（ オ ）	*178,500*
(2)	（ ウ ）	*160,000*	（ ア ）	*160,000*
(3)	（ オ ）	*8,100*	（ ア ）	*10,100*
	（ カ ）	*2,000*	（ ）	

2

パーシャル・プランの場合

材料

前月繰越	40,400	仕掛品	（*561,000*）
当月購入	571,600	次月繰越	（*51,000*）
	612,000		612,000

加工費

実際発生額	330,000	仕掛品	330,000

仕掛品

前月繰越	（*168,000*）	製品	（*800,000*）
直接材料費	（*561,000*）	次月繰越	（*228,000*）
加工費	330,000	原価差異	（*31,000*）
	（*1,059,000*）		（*1,059,000*）

製品

前月繰越	（*150,000*）	売上原価	（*850,000*）
仕掛品	（*800,000*）	次月繰越	（*100,000*）
	（*950,000*）		（*950,000*）

原価差異

（仕掛品）	（*31,000*）		

シングル・プランの場合

材　料

前月繰越	40,400	仕掛品	(540,000)
当月購入	571,600	次月繰越	(51,000)
		(原価差異)	(21,000)
	612,000		612,000

加　工　費

実際発生額	(330,000)	仕掛品	(320,000)
		(原価差異)	(10,000)
	(330,000)		(330,000)

仕　掛　品

前月繰越	(168,000)	製品	(800,000)
直接材料費	(540,000)	次月繰越	(228,000)
加工費	(320,000)		
	(1,028,000)		(1,028,000)

製　品

前月繰越	(150,000)	売上原価	(850,000)
仕掛品	(800,000)	次月繰越	(100,000)
	(950,000)		(950,000)

原価差異

(材料)	(21,000)		
(加工費)	(10,000)		

3

(1) 標準原価カード

直接材料費	1,000	円/kg	×	10	kg/個	=	(*10,000*) 円/個
直接労務費	(*800*)	円/時間	×	(*5*)	時間/個	=	(*4,000*) 円/個
製造間接費	(*600*)	円/時間	×	(*5*)	時間/個	=	(*3,000*) 円/個
合 計							(*17,000*) 円/個

(2) 直接材料費総差異 *88,000* 円(借方)

直接労務費総差異 *41,000* 円(貸方)

製造間接費総差異 *35,000* 円(借方)

(　　) 内には，借方差異ならば借方，貸方差異ならば貸方と記入すること。

4

標準製造原価差異分析表　　(単位：円)

直接材料費総差異		(*60,200*)
材料価格差異	(*70,200*)	
材料数量差異	(*△10,000*)	
直接労務費総差異		(*△134,200*)
賃率差異	(*△142,200*)	
作業時間差異	(*8,000*)	
製造間接費総差異		(*△71,000*)
予算差異	(*△42,000*)	
能率差異	(*7,000*)	
操業度差異	(*△36,000*)	
標準製造原価差異		(*△145,000*)

5

問 1	*2,250* 万円
問 2	*2,750* 万円
問 3	*10* %
問 4	*100* 万円
問 5	*20* 万円

6

全部原価計算による損益計算書

（単位：円）

項目	金額
売上高	（ *1,785,600* ）
売上原価	（ *1,255,500* ）
配賦差異	（ *42,000* ）
売上総利益	（ *488,100* ）
販売費	（ *209,500* ）
一般管理費	（ *180,000* ）
営業利益	（ *98,600* ）

直接原価計算による損益計算書

（単位：円）

項目	金額
売上高	（ *1,785,600* ）
変動売上原価	（ *697,500* ）
変動製造マージン	（ *1,088,100* ）
変動販売費	（ *139,500* ）
貢献利益	（ *948,600* ）
固定費	（ *850,000* ）
営業利益	（ *98,600* ）

7

(1) 全部原価計算による損益計算書

	第 1 期	第 2 期	第 3 期
売上高	(*1,800,000*)	(*1,800,000*)	(*1,800,000*)
売上原価	(*1,440,000*)	(*1,390,000*)	(*1,490,000*)
売上総利益	(*360,000*)	(*410,000*)	(*310,000*)
販売費・一般管理費	(*300,000*)	(*300,000*)	(*300,000*)
営業利益	(*60,000*)	(*110,000*)	(*10,000*)

(2) 直接原価計算による損益計算書

	第 1 期	第 2 期	第 3 期
売上高	(*1,800,000*)	(*1,800,000*)	(*1,800,000*)
変動費	(*1,200,000*)	(*1,200,000*)	(*1,200,000*)
貢献利益	(*600,000*)	(*600,000*)	(*600,000*)
固定費	(*540,000*)	(*540,000*)	(*540,000*)
営業利益	(*60,000*)	(*60,000*)	(*60,000*)

8

①	イ	②	*550,000*	③	*110,000*	④	*350,000*	⑤	*55,000*
⑥	*130,000*	⑦	オ	⑧	*700*	⑨	*55,000*	⑩	*139,000*

標準原価計算編

1 □@４点×５＝20点

仕　掛　品　(単位：円)

月初有高	(440,000)	製　品	(2,760,000)
直接材料費	(990,000)	月末有高	(432,000)
加工費	(1,798,000)	原価差異	(36,000)
	(3,228,000)		(3,228,000)

月次損益計算書　(単位：円)

Ⅰ　売上高		(9,000,000)
Ⅱ　売上原価		
月初製品有高	(240,000)	
当月製品製造原価	(2,760,000)	
合　計	(3,000,000)	
月末製品有高	(300,000)	
差　引	(2,700,000)	
原価差異	(36,000)	(2,736,000)
売上総利益		(6,264,000)
Ⅲ　販売費及び一般管理費		2,809,000
営業利益		(3,455,000)

2 @４点×５＝20点

問１	12,580,000 円	
問２	310,000 円	(（借方差異）・ 貸方差異)
問３	125,200 円	(（借方差異）・ 貸方差異)
問４	22,000 円	(（借方差異）・ 貸方差異)
問５	5,400 円	(借方差異 ・（貸方差異）)

(注) 問２～５は（借方差異・貸方差異）のいずれかを○で囲むこと。

3 問1・2は@4点，問3は@3点

問1 固定製造間接費の標準配賦率 ＝ 210 円／時間

問2 当月の標準配賦額 ＝ 1,394,000 円

問3 製造間接費総差異 ＝ 111,000 円（ 有利・(不利) 差異 ）

予算差異 ＝ 7,500 円（ 有利・(不利) 差異 ）

能率差異 ＝ 51,000 円（ 有利・(不利) 差異 ）

操業度差異 ＝ 52,500 円（ 有利・(不利) 差異 ）

（注）（　　）内の「有利」または「不利」を○で囲むこと。

4 問1・2は@4点，問3・4は@3点

問1

借方科目	金　額	貸方科目	金　額
製　品	3,060,000	仕　掛　品	3,060,000

問2

借方科目	金　額	貸方科目	金　額
原価差異	155,800	仕　掛　品	155,800

問3 145,000 円（ 有利差異 ・ (不利差異) ）

（有利差異・不利差異）のいずれかを○で囲むこと。

問4

予算差異	45,000 円	（ 有利差異 ・ (不利差異) ）
能率差異	25,000 円	（ 有利差異 ・ (不利差異) ）
操業度差異	75,000 円	（ 有利差異 ・ (不利差異) ）

（有利差異・不利差異）のいずれかを○で囲むこと。

5 @4点×5＝20点

(1) 220,000 円／単位

(2) 1,580,000 円（ 貸方 ）

(3) 450,000 円（ 貸方 ）

(4) 750,000 円（ 貸方 ）

(5) 250,000 円（ 借方 ）

(注) (2)〜(5)の（　　）内には，借方差異の場合は借方，貸方差異の場合は貸方と記入すること。

6 問1は@4点，問2は□@2点

問1

	借方 記号	借方 金額	貸方 記号	貸方 金額
(1)	（ ア ）	2,124,000	（ エ ）	2,124,000
(2)	（ イ ）	1,728,000	（ ア ）	1,728,000
(3)	（ カ ）	72,000	（ オ ）	30,000
	（　）		（ ア ）	42,000

問2

月次損益計算書

(単位：円)

Ⅰ 売上高		（ 3,000,000 ）
Ⅱ 売上原価		
当月製品製造原価	（ 2,808,000 ）	
月末製品有高	（ 468,000 ）	
標準売上原価	（ 2,340,000 ）	
原価差異	（ 210,000 ）	（ 2,550,000 ）
売上総利益		（ 450,000 ）

7 □@２点×10＝20点

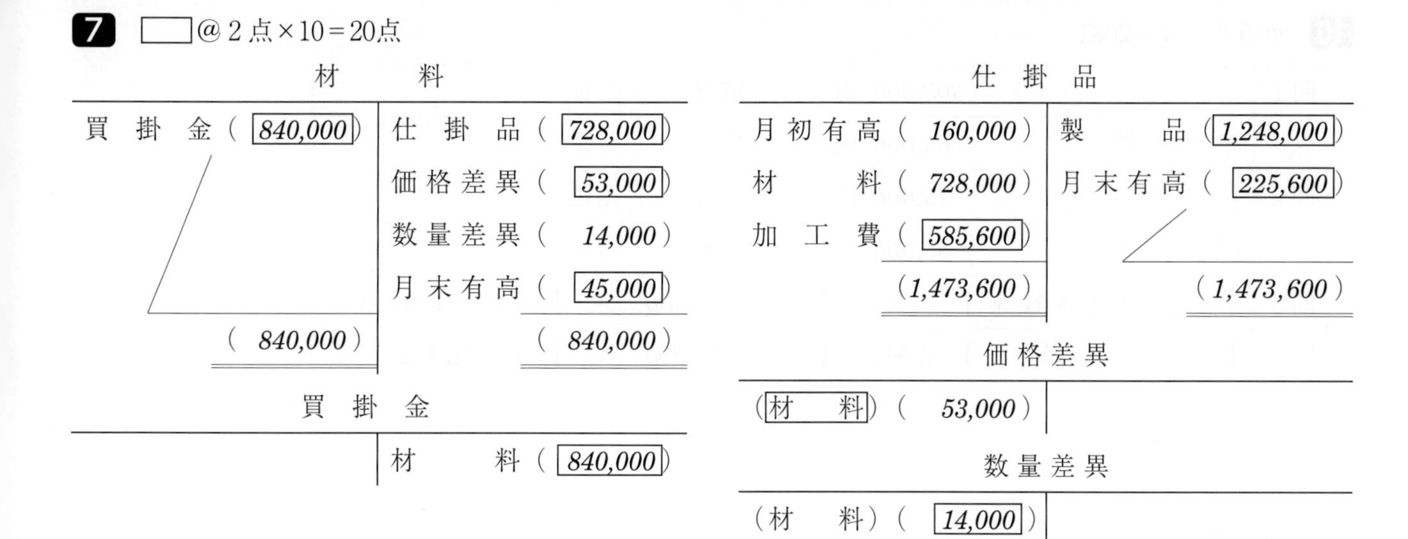

材　料

借方	金額	貸方	金額
買　掛　金	(840,000)	仕　掛　品	(728,000)
		価格差異	(53,000)
		数量差異	(14,000)
		月末有高	(45,000)
	(840,000)		(840,000)

買　掛　金

借方	金額	貸方	金額
		材　　料	(840,000)

仕　掛　品

借方	金額	貸方	金額
月初有高	(160,000)	製　　品	(1,248,000)
材　　料	(728,000)	月末有高	(225,600)
加　工　費	(585,600)		
	(1,473,600)		(1,473,600)

価格差異

借方	金額	貸方	金額
(材　　料)	(53,000)		

数量差異

借方	金額	貸方	金額
(材　　料)	(14,000)		

8 問１・２は@５点，問３は@２点

問１　*1,200,000* 円

問２　*1,320,000* 円

問３(1)　価格差異　*46,300* 円　（有利・~~不利~~）

数量差異　*26,000* 円　（~~有利~~・不利）

(2)　予算差異　*7,000* 円　（~~有利~~・不利）

能率差異　*15,000* 円　（~~有利~~・不利）

操業度差異　*11,000* 円　（有利・~~不利~~）

※有利か不利か，不要な方に二重線を付すこと。

9 @４点×５＝20点

問１

製　　品	C	K	J
原　価　標　準	*4,500* 円	*5,400* 円	*3,750* 円

問２

直接材料費総差異	*25,500* 円　（借方，~~貸方~~）
加工費総差異	*120,000* 円　（借方，~~貸方~~）

（借方，貸方）のいずれかを二重線で消すこと。

10 @5点×4＝20点

問1		303,300 円 （ 借方 ）差異
問2	予算差異	65,000 円 （ 借方 ）差異
	能率差異	15,000 円 （ 借方 ）差異
	操業度差異	80,000 円 （ 借方 ）差異
問3	【直接労務費賃率】	差異が【 42,300 】円で一番小さい。
問4	【 予 算 】	差異が【 110,000 】円変化する。

（注）問1・問2の（　　）内には，借方差異（不利な差異）ならば借方，貸方差異（有利な差異）ならば貸方と記入すること。

直接原価計算編

1 @4点×5＝20点

問1	13,500,000 円
問2	20,000,000 円
問3	9,000 個
問4	13,500 個
問5	500,000 円

2 @4点×5＝20点

(1) 当月の直接材料費総額 ＝ 3,750,000 円

(2) 当月の製造間接費総額 ＝ 9,300,000 円

(3) 当月の貢献利益 ＝ 22,140,000 円

(4) 当月の損益分岐点売上高 ＝ 33,300,000 円

(5) 当月の必要売上高 ＝ 39,960,000 円

3 @2点×10＝20点

①	キ	②	コ	③	オ	④	エ	⑤	40
⑥	17,500	⑦	17,500	⑧	20	⑨	50	⑩	20

4 @４点×５＝20点

問１	最小の売上高	*11,200,000*	円
問２	単位当たり変動費	*120*	円／単位
	月間固定費	*5,740,000*	円
問３	月間損益分岐点売上高	*14,350,000*	円
問４	月間目標売上高	*15,850,000*	円

5 @４点×５＝20点

問１	*40*	%
問２	*6,000,000*	円
問３	*8,100,000*	円
問４	*900,000*	円
問５	*2.5*	%

6 @４点×５＝20点

①	*10,000,000*	②	*400*
③	*10,500,000*	④	*525*
⑤	*1,945,000*		

7 [　]@4点×5＝20点

問1

直接原価計算による損益計算書　(単位：円)

売　上　高	(16,000,000)
変動売上原価	(5,600,000)
変動製造マージン	(10,400,000)
変動販売費	(400,000)
貢献利益	(10,000,000)
製造固定費	(2,400,000)
固定販売費及び一般管理費	(4,400,000)
営業利益	(3,200,000)

問2　当期の損益分岐点の売上高 ＝ 10,880,000 円

問3　次期に営業利益を2倍にする売上高 ＝ 21,120,000 円

8 [　]@4点×5＝20点

問1

直接原価計算による損益計算書　(単位：円)

売　上　高	(1,680,000)
変動売上原価	(966,000)
変動製造マージン	(714,000)
変動販売費	(126,000)
貢献利益	(588,000)
製造固定費	(252,000)
固定販売費及び一般管理費	(178,500)
営業利益	(157,500)

問2　当期の損益分岐点の売上高 ＝ 1,230,000 円

問3　営業利益210,000円を達成するための販売数量 ＝ 3,050 個

9　□@4点×5＝20点

直接原価計算による損益計算書　（単位：円）

	前々期	前期
売上高	（3,200,000）	（3,200,000）
変動費	（1,540,000）	（1,530,000）
貢献利益	（1,660,000）	（1,670,000）
固定費	（1,280,000）	（1,280,000）
営業利益	（380,000）	（390,000）

10

問1　□@2点×5＝10点

	第1期	第2期	第3期	第4期
全部原価計算の営業利益	15,000,000	18,000,000	16,500,000	10,500,000
直接原価計算の営業利益	15,000,000	15,000,000	15,000,000	15,000,000

問2　完答で2点

第2期期末における貸借対照表の製品有高は，（ (全部原価計算)・直接原価計算 ）の場合の方が，

3,000,000 円だけ多い。

問3　@2点×4＝8点

（ (直接原価計算)・全部原価計算 ）では，製造原価に含まれる固定費は在庫に配賦されず，すべて当期の費用として処理されるが，（ 直接原価計算・(全部原価計算) ）の場合，製造原価に含まれる固定費が製品や仕掛品の在庫に配賦され次期に繰り越されることで，問2のように貸借対照表の製品有高や問1の第2期から第4期の営業利益に影響を与える。たとえば，問1の第3期において，直接原価計算の営業利益に，第2期から繰り越された製品の在庫に配賦された製造原価に含まれる固定費を（ 加算・(減算) ）し，第4期に繰り越す製品の在庫に配賦された製造原価に含まれる固定費を（ (加算)・減算 ）する調整を行うことで，全部原価計算の営業利益を求めることができる。

11 □@２点×10＝20点

仕　掛　品

期首有高	877,500	当期完成高	(9,247,500)
直接材料費	(5,917,500)	期末有高	(960,000)
直接労務費	(2,437,500)		
変動製造間接費	(975,000)		
	(10,207,500)		(10,207,500)

直接原価計算による損益計算書

(単位：円)

Ⅰ 売上高		15,105,000
Ⅱ 変動売上原価		
1．期首製品棚卸高	1,065,000	
2．当期製品変動製造原価	(9,247,500)	
合計	(10,312,500)	
3．期末製品棚卸高	(937,500)	
差引	(9,375,000)	
4．原価差異	(60,000)	(9,435,000)
変動製造マージン		(5,670,000)
Ⅲ 変動販売費		(982,500)
貢献利益		(4,687,500)
Ⅳ 固定費		
1．製造間接費	(2,061,000)	
2．固定販売費及び一般管理費	(1,321,500)	(3,382,500)
営業利益		(1,305,000)

12 問1は□@2点，問2～問4は@4点

問1

損益計算書 (単位：円)

売上高		(14,400,000)
変動費		
月初製品有高	(0)	
当月製品変動製造原価	(3,500,000)	
合計	(3,500,000)	
月末製品有高	(140,000)	
変動売上原価	(3,360,000)	
変動販売費	(960,000)	
貢献利益		(10,080,000)
固定費		(6,048,000)
営業利益		(4,032,000)

問2	8,640,000 円
問3	28 %
問4	40 %

22(2)